Geschenke kreativ verpackt

Es kommt nicht nur auf den Inhalt an, auch die äußere Erscheinung spielt im Leben manchmal eine große Rolle. Denn wenn Sie ein Geschenk überreichen, dann sieht der Beschenkte zuerst nur die Verpackung. Und wie könnte man seine Wertschätzung besser ausdrücken als durch ein persönliches Präsent, das liebevoll verpackt ist?

Mit der passenden Hülle kommt jedes Geschenk noch mal so gut an – und obendrein sieht es auch viel hübscher aus. Ob zum Geburtstag, zur Konfirmation, zu Weihnachten, zu Ostern oder einfach nur so: Für jede Gelegenheit ist hier eine passende Verpackungsidee dabei.

Viel Spaß beim Basteln und Verschenken!

Martina Schröder   Marion Vogel

Die Motive lassen sich in folgende Schwierigkeitsgrade unterteilen:

○ ○ ○ einfach ○ ○ ○ etwas schwieriger ○ ○ ○ anspruchsvoll

GRUND-AUSSTATTUNG

Diese Materialien und Hilfsmittel sollten Sie zur Hand haben. Sie werden immer wieder benötigt und sind z. T. in den einzelnen Materiallisten nicht mehr aufgeführt:

- Tonpapier in Weiß (80 g/m²) oder Schreibmaschinenpapier (für Schablonen)
- Fotokarton in verschiedenen Farben und Mustern (Motivkarton)
- Schleifen- und Dekoband
- wasserfeste Filzstifte in Weiß und Schwarz
- Bleistift, Radiergummi und Anspitzer
- Metalllineal
- Geodreieck®
- Schere
- Cutter und Schneidunterlage
- Bürolocher, Lochzange oder Stanzwerkzeug
- UHU Alleskleber Kraft
- Klebefilm
- Heißklebepistole
- Falzbein, Prägestift oder dicke Nadel

So wird's gemacht

Vorlagen übertragen

Alle benötigten Motivteile mit dem Schreibmaschinen- oder Tonpapier ohne Überschneidungen vom Vorlagenbogen abpausen und sorgfältig ausschneiden. Fertig ist die Schablone. Die Schablone auf die Rückseite des gewünschten Papiers bzw. Kartons legen, evtl. mit Klebefilm fixieren und die Umrisse mit Bleistift nachfahren. Alle Teile ausschneiden.

Vorlagen ansetzen

1 Bei einigen Modellen, die aus einem besonders großen Stück Karton angefertigt werden (z. B. die Tasche und die CD-Hülle auf Seite 24/25), muss die Vorlage ergänzt bzw. angesetzt werden. Eine Strich-Punkt-Linie kennzeichnet auf der Vorlage die Ansatzlinie.

2 Zum Ansetzen zunächst die Vorlage auf weißes Tonpapier abpausen, ausschneiden und mit der so angefertigten Schablone die Form auf den gewünschten Karton übertragen. Anschließend die Schablone ablösen und wie in der jeweiligen Anleitung beschrieben an die bereits übertragene Form anlegen. Die Kontur nochmals übertragen, dann die gesamte Form ausschneiden.

Tipp: **Achten Sie beim Übertragen der Vorlage darauf, dass Sie diese so auflegen, dass noch genügend Platz für die zweite Hälfte des Motivs bleibt.**

Schachteln und Taschen falten

1 Nach dem Ausschneiden der Grundform die einzelnen Teile wie auf der Vorlage eingezeichnet falzen, falten und zusammenkleben. Dabei genau auf die Faltlinien der Vorlage achten: Ist die Faltlinie auf dem Vorlagenbogen mit einer grob gestrichelten Linie markiert, handelt es sich um eine Bergfalte; ist die Faltlinie mit einer fein gestrichelten Linie markiert, handelt es sich um eine Talfalte.

2 Der Unterschied zwischen einer Berg- und einer Talfalte ist ganz einfach: Bei der Bergfalte wird das Papier nach unten geknickt und die Faltkante zeigt wie ein Bergkamm nach oben; bei der Talfalte wird das Papier nach oben geknickt und die Faltkante formt eine Rinne bzw. ein Tal (siehe Abbildung).

3 Für exakt gefaltete Geschenkverpackungen mit sauberen Kanten vor dem Knicken ein Lineal oder Geodreieck® an den Faltkanten anlegen und mit dem Falzbein, Prägestift oder einer dicken Nadel die Linien leicht anritzen bzw. eindrücken. Die Kanten falten und zuerst mit dem Finger, dann mit dem Falzbein glatt streichen. Wenn alle Kanten gefaltet sind, die Form zusammenfalten, die Passform überprüfen und die Klebeflächen mit Kraftkleber verkleben. Eventuell erforderliche Lochungen mit einer Lochzange, einem Bürolocher oder einem Stanzwerkzeug vornehmen.

Hinweis: Die Größe der einzelnen Schachteln, Tüten oder Etuis ist immer Breite x Höhe x Tiefe angegeben.

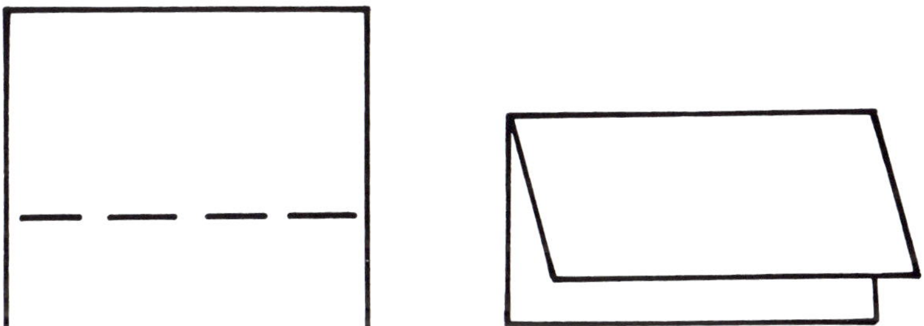

Bergfalte

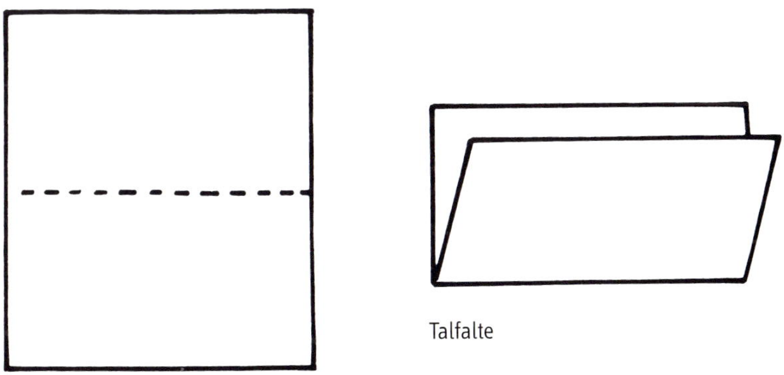

Talfalte

Frohes Osterfest

→ mit Hasi & Co.

MOTIVGRÖSSE
Hase ca. 18 cm x 31 cm x 6 cm
Küken ca. 13,5 cm x 21 cm x 5 cm

MATERIAL

HASE

- Fotokarton in Weiß, 50 cm x 70 cm
- Motivkarton in Orange-Lila mit Schmetterlingen, A5
- 2 Halbperlen in Schwarz, ø 4 mm
- Chiffonband in Rot, 1 cm breit, 40 cm lang
- Ostergras in Gelb
- Ölkreide in Rot

KÜKEN

- Fotokarton in Gelb, A3, sowie Reste in Orange und Rot
- Motivkartonrest in Orange-Lila mit Schmetterlingen
- Chenilledraht in Rot, 2 x 20 cm lang
- Chiffonband in Rot, 1 cm breit, 40 cm lang
- 2 Halbperlen in Schwarz, ø 4 mm
- 3 Marabufedern in Orange
- Ölkreide in Rot

VORLAGENBOGEN 1A

Hase

1 Zuerst die Vorlage für die Hasenschachtel mit Schablone auf den Karton übertragen (siehe auch Seite 2). Dabei allerdings die gepunktete Linie der Klebelasche nicht mit aufzeichnen. Die Vorlage abnehmen und nochmals links daneben ansetzen, sodass die rechte Kante an der Ansatzlinie anliegt. Nun die gesamte Vorlage einschließlich der Klebelasche übertragen.

2 Die einzelnen Teile ausschneiden und falzen. Das Gesicht mit schwarzem Stift aufmalen. Die Ohren und die Wangen mit Ölkreide röten. Nun die Augen und die Nase im Gesicht fixieren. Die Tasche nur an der Rundung aufkleben. Die Hasentüte zusammenkleben und das Ostergras in die Tasche stecken. Die Halskrempe lochen, als Verschluss umlegen und mit Chiffonband zusammenbinden.

Küken

1 Die einzelnen Teile gemäß Vorlage anfertigen. Zusätzlich zwei Schmetterlinge aus dem Motivkartonrest ausschneiden. Die Tüte falzen und lochen, die Hahnenkämme nach Vorlage einschneiden.

2 Je einen Hahnenkamm auf das Vorder- und Hinterteil des Kopfes kleben. Das Gesicht mit schwarzem Stift aufmalen und mit Ölkreide die Wangen röten. Nun den Schnabel etwas wölben und im Gesicht fixieren. Die beiden Halbperlen als Augen aufkleben.

3 Die Kükentüte zusammenkleben. Das Chiffonband durch die Löcher ziehen und zur Schleife binden. Aus Chenilledraht mithilfe der Vorlage zwei Füße biegen und aufkleben. Die beiden Schmetterlinge in der Mitte etwas knicken und auf der Tüte anbringen. Zuletzt auf der Rückseite die Marabufedern als Schwanz befestigen.

Tipp: Zum Röten der Wangen ein grobes Baumwolltuch über den Zeigefinger legen und mehrmals über die Ölkreide wischen, dann die Kreide vorsichtig auf den Karton reiben.

Farbenfrohe Schachteln

→ gelingen leicht

MOTIVGRÖSSE
Tulpe ca. 15 cm x 14 cm x 15 cm
Tüte ca. 14 cm lang, 10,5 cm breit
Bonbon ca. 27 cm x 5,5 cm x 5,5 cm

MATERIAL

TULPE
- zweiseitig bedruckter Motivkarton in Orange und Weiß mit Blumenmuster, 50 cm x 70 cm
- 2 Holzperlen in Violett, ø 8 mm
- Organzaband in Orange, 1,5 cm breit, 50 cm lang

TÜTE
- Prägekarton in Orange mit Blattornamenten, A4
- Motivkartonrest in Weiß mit Blumenmuster
- Chiffonband in Rot, 1 cm breit, 40 cm lang

BONBON
- Prägekarton in Violett mit Blumenornamenten, 23 cm x 32 cm
- Motivkarton in Bunt gemustert, 5 cm x 22 cm

VORLAGENBOGEN 1B

Tulpe

Die Tulpenform zuschneiden, falzen und wie eingezeichnet lochen. Das Organzaband durch die Löcher fädeln. Die Schachtel zusammenfalten und mit einer Schleife verschließen. Zuletzt die Perlen auf die Bandenden aufziehen.

Tüte

1 Die Grundform und die vier Blüten ausschneiden und lochen, dann die Grundform an den kurzen Strichen falzen. Die schraffierte Fläche an der Längskante und an einer der Schmalkanten mit Klebstoff bestreichen.

2 Die Seiten an den kurzen Falzlinien überlappend zur Mitte falten und die Tüte zusammenkleben. Die Öffnung der Tüte an den Falzlinien zusammenfalten und das Chiffonband durch die Löcher fädeln. Dabei die vier Blüten mit aufziehen. Das Band zur Schleife binden.

Bonbon

Die Grundform zuschneiden, falzen, falten und zusammenkleben. Zum Verschließen der seitlichen Enden in die Öffnungen greifen und die Falten leicht im Uhrzeigersinn verdrehen. Zuletzt den bunten Kartonstreifen mittig um das Bonbon kleben.

Zur Taufe

→ für einen guten Start ins Leben

Schmetterling

Die Grundform ausschneiden, falzen und lochen. Die Rundungen an den markierten Stellen einschneiden, dann die Seitenteile zusammenführen und ineinander einhaken. Die Schmetterlingsteile nach oben klappen und mit Dekoband zusammenbinden.

Schächtelchen

Die Grundform und die Schnuller ausschneiden, dann die Grundform falzen und lochen. Die Schachtel zusammenfalten und das Satinband durch die Löcher ziehen. Die Schnuller auffädeln und das Band zur Schleife binden.

MOTIVGRÖSSE

Schmetterling ca. 15 cm x 11 cm x 3,5 cm
Schächtelchen ca. 8 cm x 4 cm x 5,5 cm

MATERIAL SCHMETTERLING

- Motivkarton in Pink mit Schmetterlingen, A3
- Dekoband in Rosa, 2,5 cm breit, 50 cm lang

SCHÄCHTELCHEN

- Fotokarton in Rosa bzw. Hellblau, A4
- Motivkartonrest in Pink mit Schmetterlingen
- Satinband in Rosa bzw. Hellblau, 8 mm oder 4 mm breit, 50 cm lang

VORLAGENBOGEN 3A

Edle Schächtelchen

→ in frischem Grün

MOTIVGRÖSSE
Schmucketui ca. 27 cm x 2,5 cm x 6 cm
Tasche ca. 16 cm breit, 15 cm hoch

MATERIAL SCHMUCKETUI

- Fotokarton in Weiß und Hellgrün, A3
- Motivkarton in Weiß mit Vogelmuster in Hellgrün, A4
- Feengras in Weiß

TASCHE

- Fotokarton in Hellgrün, A3
- Motivkartonrest in Weiß mit Vogelmuster in Hellgrün
- Papierkordel in Hellgrün, ø 2 mm, 30 cm lang
- Glitzerstift in Weiß irisierend
- Abstandsklebepads

VORLAGENBOGEN 3A

Schmucketui

1 Das Ober- und Unterteil sowie den Dekostreifen anfertigen. Zusätzlich fünf Streifen (0,2 cm breit, 22 cm lang) aus hellgrünem Fotokarton und einen fliegenden Vogel aus Musterkarton ausschneiden. Die Linien wie eingezeichnet falzen.

2 Am Unterteil und am Deckel die Ecken nach innen falten, sodass die Seiten im rechten Winkel nach oben stehen, und ggf. festkleben. Dann an den Schmalseiten des Deckels die Verstärkung nach innen falten und mit Klebstoff fixieren.

3 Das Etui schließen. Den Dekostreifen leicht gewölbt mit etwas Feengras auf dem Deckel anbringen. Die Papierstreifen wie Geschenkband mit der geschlossenen Schere kräuseln, den Vogel etwas plastisch ausformen. Beides mittig auf den Dekostreifen kleben.

Tasche

Die Tasche ausschneiden, falzen, lochen und zusammenkleben. Aus dem Motivkarton ein Blatt, eine Blüte und einen Vogel ausschneiden. Das Blatt und die Blüte lochen und mit der Papierkordel als Verschluss anbringen. Mit Glitzerstift ein paar Schnörkel aufmalen und den Vogel mit Abstandsklebepads auf der Tasche fixieren.

Zur Hochzeit

→ für die gemeinsame Zukunft

MOTIVGRÖSSE
Sakko ca. 12 cm x 19 cm x 6 cm
Brautkleid ca. 10 cm x 15,5 cm x 4 cm

MATERIAL
SAKKO
- Fotokarton in Schwarz, A3
- Motivkarton in Weiß mit Hochzeitsmotiven in Silber, A4
- Chiffonband in Rosa, 1 cm breit, 25 cm und 10 cm lang
- Buntstift in Weiß

BRAUTKLEID
- Fotokarton in Weiß, A3, und Rest in Rosa
- Motivkarton in Weiß mit Hochzeitsmotiven in Silber, A4
- Chiffonband in Rosa, 1 cm breit, 40 cm lang
- Abstandsklebepads

VORLAGENBOGEN 2B

Sakko

1 Alle Teile ausschneiden, wie eingezeichnet einschneiden und falzen. Die Brusttasche und die beiden kleinen Taschen mit weißem Stift aufmalen. Das Revers nach außen falten, dann mit weißem Stift die Nahtlinien aufmalen. Das Hemd hinter dem Sakkovorderteil anbringen, die Kragenteile nach vorn falten und etwas übereinanderkleben.

2 Die Schachtel falten und zusammenkleben. Das kurze Chiffonband zweimal der Länge nach zusammenlegen und in den Brusttaschenschlitz stecken. Das andere Band um den Kragen binden. Zum Verschließen die runden Laschen auf der Rückseite in die Schlitze stecken.

Brautkleid

1 Alle Teile ausschneiden, wie eingezeichnet einschneiden und falzen. Den Kragen der Bluse so durch den Ausschnitt der Schachtel stecken, dass die unbedruckte Seite des Kartons zu sehen ist. Dann die Schachtel falten und zusammenkleben.

2 Die Korsagenteile aufeinanderkleben, lochen und die Kanten etwas nach oben wölben. Dann die Korsage mit Abstandsklebepads aufkleben und mit Satinband zusammenbinden. Die Kragenteile nach vorne biegen und etwas übereinanderkleben. Zum Verschließen die runden Laschen auf der Rückseite in die Schlitze stecken.

Haus und Schatzkiste

→ für Geburtstagskinder

MOTIVGRÖSSE
Haus ca. 17 cm x 19 cm x 12 cm
Schatzkiste ca. 10,5 cm x 9 cm x 8 cm

MATERIAL
HAUS
- Motivkarton in Grau mit Bauarbeitern, 50 cm x 70 cm
- Fotokarton in Rot, A4

SCHATZKISTE
- Fotokarton in Braun, A3
- Aluprägefolie in Gold, A4
- Konturenschere

VORLAGENBOGEN 2A

Haus

1 Das Haus, die zwei Dach- und die vier Verschlussteile ausschneiden – die großen Verschlussteile mit Rundung aus Motivkarton, die kleinen aus rotem Fotokarton. Mit schwarzem Filzstift den Bogenrand und einige Dachpfannen auf die Dachflächen malen.

2 Die kleinen Verschlussteile auf die Rückseite der großen kleben, dann die Teile gemäß Vorlage einschneiden. Die Schachtel falzen, die Dach- und Verschlussteile aufkleben, dann die Schachtel falten und zusammenkleben. Zum Verschließen die beiden Schornsteine (Verschlussteile) ineinanderstecken.

Schatzkiste

Alle Teile ausschneiden und die Verzierungen mit der Konturenschere nachschneiden. Die Linien falzen, dann die Truhe falten und zusammenkleben. Die Eckbeschläge und die langen Streifen auf die Truhe kleben. Den Verschluss nur an der Schmalseite ankleben, so lässt sich die Truhe problemlos öffnen und verschließen.

Geschenkpyramiden

→ für Jungs und Mädchen

Pyramide in Rosa

Die Grundform der Pyramide aus Fotokarton, die vier spitzen Dreiecke aus Motivkarton ausschneiden. Dabei darauf achten, dass die Motive nicht auf dem Kopf stehen. Die Grundform falzen, die Dreiecke aufkleben und die Löcher einstanzen. Den Karton zur Pyramide falten. Die beiden Bänder mit der Nadel durch die gegenüberliegenden Löcher ziehen. Jeweils Anfang und Ende eines Bandes nehmen und zur Schleife binden.

Fußballpyramide

1 Die vier Zacken der Pyramidenform (gepunktete Linie beachten) separat auf den Karton übertragen. Dabei darauf achten, dass die Motive nicht auf dem Kopf stehen. Die Zacken, den Kreis und ein 10 cm x 10 cm großes Quadrat für den Boden ausschneiden.

2 Die Zacken falzen und auf den Boden kleben. Die Löcher einstanzen, dann die Form zur Pyramide falten und den Kreis als Verschluss aufstecken. Zuletzt die Zahnstocher durch die Stanzlöcher schieben und die als Fußbälle bemalten Wattekugeln auf die Enden stecken.

Hinweis: **Die Vorlage gilt für beide Modelle. Achten Sie beim Übertragen und Zuschneiden der einzelnen Teile daher genau auf die jeweilige Beschriftung: „Mädchen" steht für die Pyramide in Rosa, „Jungs" für die Fußballpyramide.**

MOTIVGRÖSSE
ca. 10 cm x 18 cm x 10 cm

MATERIAL PYRAMIDE IN ROSA
- Fotokarton in Pink, 50 cm x 70 cm
- Motivkarton in Rosa mit Pferdchen, 50 cm x 70 cm
- Dekoband in Rosa, 2,5 cm breit, 2 x 50 cm lang
- Stopfnadel mit großem Öhr

FUSSBALLPYRAMIDE
- Motivkarton in Grün mit Fußballspielern, 50 cm x 70 cm
- 4 Wattekugeln in Weiß, ø 2 cm
- 2 Zahnstocher

VORLAGENBOGEN 3B

Zum Schulanfang

→ süße Starthilfe

MOTIVGRÖSSE
ca. 13 cm hoch (kleine Tüte)

MATERIAL
- Prägekarton in Orange oder Blau, A4
- Chiffonband in Rot oder Orange, 8 mm breit, 35 cm lang
- Glitzerstift in Silber

VORLAGENBOGEN 3B

Die Tütenform ausschneiden und falzen. Die Herzen evtl. mit Glitzerstift beschriften und trocknen lassen. Nun die Tüte falten und zusammenkleben. Zum Verschließen die beiden großen Herzen aufeinanderlegen und mit Chiffonband zusammenbinden.

Tipp: Sie können die Tüten auch größer anfertigen (siehe Foto). Vergrößern Sie die Vorlage dazu z. B. mit einem Fotokopierer auf 200 Prozent und schneiden Sie die Grundform aus einem 50 cm x 70 cm großen Fotokartonbogen zu. Verzieren Sie das Band doch mit zusätzlich ausgeschnittenen und mit Glitzerstift verzierten Herzen.

Für Jule ~
zum 1. Schultag
Oma
Oma

40

Eine runde Zahl

→ Verpackungsideen fürs Jubiläum

Torte

1 Die Holzkugeln orange grundieren und trocknen lassen. Vier Tortenstücke und den kleinen Kreis aus Fotokarton ausschneiden, vier weitere Tortenstücke, das Achteck, den großen Kreis und die Jubiläumszahlen aus Motivkarton anfertigen.

2 Alle Linien falzen, dann die einzelnen Tortenstücke zusammenkleben, auf der achteckigen Grundplatte anordnen und darauf fixieren.

3 Die beiden Kreise übereinander auf die Torte kleben und die Jubiläumszahl darauf anbringen. Mit Glitzerstift die Zahlen umranden. Die Holzkugeln als Füße unter der Grundplatte befestigen.

4 Die Tortenstücke mit Geschenken füllen. Abschließend das Chiffonband um die Torte legen und zur Schleife binden.

Kuchenstück

1 Das Kuchenstück ausschneiden, falzen, falten und zusammenkleben. Das Dreieck aus Motivkarton ausschneiden und aufkleben. In den Verschluss zwei Löcher stanzen, das Chiffonband einziehen und zur Schleife binden.

2 Den Dorn der Kerzenhalterung mit dem Seitenschneider abzwicken und die Halterung mit Heißkleber auf die Schachtel kleben. Die Kerze einstecken.

MOTIVGRÖSSE

Torte ca. ø 26 cm
Kuchenstück ca. 8,5 cm x 4 cm x 10,5 cm

MATERIAL
TORTE

- Motivkarton in Apricot mit Rosen, 50 cm x 70 cm
- Fotokarton in Weiß, 50 cm x 70 cm
- Glitzerstift in Weiß irisierend
- 4 Holzkugeln in Natur, ø 3,5 cm
- Chiffonband in Orange, 4 cm breit, 1 m lang
- Acrylfarbe in Orange
- Pinsel

KUCHENSTÜCK

- Fotokarton in Apricot, A4
- Motivkartonrest in Apricot mit Rosen
- Chiffonband in Orange, 4 cm breit, 25 cm lang
- Mini-Geburtstagskerze mit Halterung
- Seitenschneider

VORLAGENBOGEN 3B

Von ganzem Herzen

→ mit Liebe verschenken

MOTIVGRÖSSE
Herz ca. 16,5 cm x 15 cm x 4,5 cm
Schächtelchen ca. 5,5 cm x 5,5 cm x 5,5 cm

MATERIAL
HERZ
- Fotokarton in Rot, 50 cm x 70 cm
- Motivkartonreste in Rot mit Rosen und in Weiß mit Herzen in Gold
- Satinband in Rot, 3 mm breit, 2 x 30 cm lang
- 2 Holzperlen in Rot, ø 8 mm
- Feengras in Rot

SCHÄCHTELCHEN
- Motivkarton in Weiß mit Herzen in Gold, A4
- Satinband in Rot, 3 mm breit, 50 cm lang
- 2 Holzperlen in Rot, ø 1 cm
- Feengras in Rot
- Dekoherz aus Holz in Rot, 5,5 cm hoch

VORLAGENBOGEN 1A+4A

Herz

Die Grundform und die Herzen nach Vorlage ausschneiden, lochen und wie angegeben falzen. Die Herzschachtel zusammenfalten und mit Klebstoff fixieren. An beiden Seiten ein Satinband durch die Stanzlöcher fädeln und verknoten. Etwas Feengras festbinden und die Perlen auffädeln. Zuletzt die Herzen aufziehen und mit einem Knoten sichern.

Schächtelchen

Die Grundform ausschneiden, falzen, falten und zusammenkleben. Zum Verschließen die beiden Herzteile ineinanderstecken. Nun etwas Feengras um das Herz legen und mit einer Schleife zusammenbinden. Das Dekoherz an der Schleife einstecken. Auf die Satinbandenden je eine Holzperle fädeln und mit einem Knoten sichern.

Geschenkklassiker

→ originell verpackt

MOTIVGRÖSSE
Buchtasche ca. 29,5 cm x 27 cm x 6 cm
CD-Hülle ca. 16 cm x 16 cm x 1,5 cm
Etui ca. 20 cm x 3,5 cm x 7 cm

MATERIAL BUCHTASCHE
- Motivkarton in Orange-Lila mit Blumen, 50 cm x 70 cm
- 3-D-Wellpappe in Orange, 50 cm x 70 cm
- Satinband in Dunkelrot, 4 mm breit, 25 cm lang

CD-HÜLLE
- 3-D-Wellpappe in Orange, 50 cm x 70 cm
- Motivkarton in Orange-Lila mit Blumen, A4
- Fotokarton in Violett, A4
- Organzaband in Orange, 4 cm breit, 1 m lang

ETUI
- Fotokarton in Violett, A3
- Motivkartonrest in Orange-Lila mit Blumen
- Abstandsklebepads
- Konturenschere

VORLAGENBOGEN
3A + 4A + 4B

Buchtasche

1 Zuerst die Vorlage der Tasche übertragen. Dabei beachten, dass auf dem Vorlagenbogen nur die Hälfte der Vorlage abgebildet ist. Die Vorlage also zunächst wie gewohnt mit Schablone übertragen. Die Schablone wenden und spiegelverkehrt Ansatzlinie an Ansatzlinie anlegen und nochmals übertragen (siehe auch Seite 2).

2 Die restlichen Teile aus Wellpappe anfertigen. Dabei für das Innenteil die Vorlage wie in Schritt 1 beschrieben ansetzen. Aus Motivkarton eine große und zwei kleine Blüten ausschneiden. Alle Teile wie eingezeichnet falzen und falten.

3 Den Boden des Innenteils mit der welligen Seite auf den Boden der Tasche kleben, dann die Seiten des Innenteils im rechten Winkel falten. Nun die Klebeflächen des Innenteils auf den Seitenteilen der Tasche fixieren und die beiden Verschlusslaschen nach Vorlagenbogen anbringen.

4 Das Innenteil eines Griffes nach innen klappen, das Innenteil des anderen als Verschluss durch die Grifföffnung auf die Vorderseite der Tasche legen. Die Blüten lochen. Die große Blüte auf den Verschluss kleben und die kleinen Blüten mit Satinband daran befestigen.

CD-Hülle

1 Zuerst die Vorlage der Hülle übertragen. Dabei beachten, dass auf dem Vorlagenbogen nur die Hälfte der Vorlage abgebildet ist. Die Vorlage also zunächst wie gewohnt mit Schablone übertragen, dann die Schablone um 180 Grad drehen, Ansatzlinie an Ansatzlinie legen und nochmals übertragen (siehe auch Seite 2).

2 Alle Teile ausschneiden, wie angegeben falzen und an den „Ohren“ (Rundungen) einschneiden. Nun zuerst das Mittelteil und dann das Hinterteil von unten auf die Grundform kleben. Dabei die „Ohren“ nicht mit Klebstoff bestreichen.

3 Nach dem Trocknen die geraden Seitenteile übereinanderfalten, dann die „Ohren“ darüberlegen und ineinanderstecken. Das Organzaband um die Hülle zur Schleife binden.

Tipp: Sollte sich die geschlossene CD-Hülle wölben, schneiden Sie die „Ohren“ einfach etwas tiefer ein.

Etui

1 Alle Teile ausschneiden und die Kante der Verschlussklappe mit der Konturenschere nachschneiden. Alles nach Vorlagenbogen falzen und einschneiden. Zusätzlich vier Blüten aus dem Motivkarton ausschneiden.

2 Die Schmalseiten des Etuis nach innen klappen und die eingezeichneten Klebeflächen aufeinanderkleben. Den Verschluss aufkleben und die Blüten mit Abstandsklebepads anbringen. Die langen Seitenteile des Etuis etwas runden, dann das Etui mit der Lasche verschließen.

Frohes Fest

→ mit besten Grüßen vom Nordpol

MOTIVGRÖSSE
ca. 5,5 cm x 13,5 cm x 3,5 cm

MATERIAL
- Prägekarton in Creme mit Spiralen, A4
- Fotokarton in Dunkelrot, A5
- Dekoband in Rot-Weiß kariert, 1,4 cm breit, ca. 25 cm lang

VORLAGENBOGEN 4B

Die Schachtel aus Prägekarton anfertigen, wie eingezeichnet einschneiden und falzen. Die Löcher einstanzen. Die roten Fotokartonrechtecke ziehharmonikaartig falten und auf den schraffierten Flächen so in die Schachtel kleben, dass Anfang und Ende jeweils in die Schachtel zeigen. Das Karoband durch die eingestanzten Löcher fädeln und zur Schleife binden.

Tipp: Sie können die Rentierschachtel auch in anderen Größen anfertigen (siehe Foto). Vergrößern Sie die Vorlage z. B. mit dem Fotokopierer auf 200 Prozent und schneiden Sie die Grundform aus einem 50 cm x 70 cm großen Fotokartonbogen zu. Besonders hübsch sieht es aus, wenn Sie dem Rentier mit roter Kordel eine kleine Schelle umbinden.

Es weihnachtet

→ mit edlem Gold

MOTIVGRÖSSE
Pralinenschachtel ca. ø 17 cm, 8,5 cm hoch
Flaschenhülle ca. ø 11 cm, 24 cm hoch

MATERIAL PRALINENSCHACHTEL
- Fotokarton in Gold, 50 cm x 70 cm
- Motivkarton in Weiß mit Wintermotiven, 61 cm x 4 cm
- Kordel in Gold, ø 2 mm, 60 cm lang

FLASCHENHÜLLE
- Motivkarton in Weiß mit Wintermotiven, 50 cm x 70 cm
- Fotokartonrest in Gold
- Kordel in Gold, ø 2 mm, 2 x 60 cm lang

VORLAGENBOGEN
1B+4B

Pralinenschachtel

1 Zuerst die Vorlage der Schachtel übertragen. Dabei beachten, dass auf dem Vorlagenbogen nur die Hälfte der Vorlage abgebildet ist. Die Vorlage also zunächst wie gewohnt mit Schablone übertragen, dann die Schablone um 180 Grad drehen, Ansatzlinie an Ansatzlinie legen und nochmals übertragen (siehe auch Seite 2).

2 Die Pralinenschachtel, den Streifen und zwei Sterne ausschneiden und wie angegeben falzen. Die sechs Ecken der Schachtel nach innen falten und zusammenkleben (schraffierte Flächen). Die sechs Verschlusslaschen so nach innen übereinanderführen, dass die Spitzen der runden Laschen nach innen zeigen. Zum Verschließen der Schachtel die Laschen leicht zur Mitte nach unten drücken.

3 Die Schmalseiten des Kartonstreifens (schraffierte Flächen) nach innen falten, festkleben und lochen. Den Streifen um die Schachtel legen und mit der Kordel von unten nach oben wie eine Korsage verschnüren. Die Sterne lochen und an den Kordelenden festknoten.

Flaschenhülle

1 Die Grundform und elf Sterne mithilfe der Vorlagen anfertigen. Zusätzlich drei Tannenbäumchen aus dem Motivkarton ausschneiden. Alles wie eingezeichnet lochen und falzen. Die Form zusammenfalten und den Boden festkleben.

2 Die Kordeln durch die Verschlusslaschen fädeln. Dabei nach jeder Lasche einen Stern aufziehen. Eine Flasche in die Hülle stellen und den Verschluss mit der Kordel zusammenziehen. Die restlichen Sterne und die Bäumchen an den Kordelenden festknoten.

Schwarz-Weiß

→ edel und kontrastreich

MOTIVGRÖSSE

Pyramide ca. 12 cm breit, 10 cm hoch
Rechteck ca. 10 cm x 7 cm x 7,5 cm
Dreieck ca. 15 cm breit

MATERIAL PYRAMIDE

- Transparentpapier in Schwarz-Weiß gemustert, A4
- Satinband in Weiß, 8 mm breit, 50 cm lang

RECHTECK

- Motivkarton in Schwarz-Weiß gemustert, A4
- Fotokarton in Schwarz, A4
- Taftband in Weiß, 4 cm breit, 70 cm lang

DREIECK

- Motivkarton in Schwarz-Weiß gemustert, 15 cm x 29,7 cm
- Aludraht in Silber, ø 2 mm, 15 cm lang
- 2 Holzperlen in Weiß, ø 8 mm
- 2 Holzperlen in Schwarz, ø 1,4 cm
- Rundzange

VORLAGENBOGEN
1 A + 2 A

Pyramide

1 Das Papier (bedruckte Seite oben) zur Hälfte falten, wieder öffnen und wenden. Die obere und untere Blattkante zur Mittellinie falten und wieder öffnen (Skizze 1). Nun die Bergfalte (Mittellinie) auf die untere Blattkante legen. Das Papier glatt streichen.

2 Die oberen Ecken schräg nach unten zur neuen Mittellinie falten, dann die unteren Ecken schräg nach oben falten (Skizze 2) und das Papierteil auf die obere Papierhälfte legen. Das nun unten liegende Papier ebenso falten und nach oben legen (Skizze 3).

3 Die trapezartige Form zur Hälfte falten und wieder öffnen (Skizze 4). Dann die Faltlinie 1 cm tief einschneiden (Skizze 5). Die Kanten der Oberseite wie eingezeichnet schräg nach oben falten, dann das Papier wenden und die Rückseite ebenso falten.

4 Die Form an der eingeschnittenen Mitte leicht öffnen und die rechte und linke Spitze aufeinanderführen, sodass eine Tüte entsteht (Skizze 5). In beide Spitzen ein Loch einstanzen, das Band durchziehen und zur Schleife binden.

WEITERFÜHRUNG

Schwarz-Weiß

Rechteck

1 Die beiden Teile ausschneiden und die Linien falzen. Am Unterteil und am Deckel die Ecken nach innen falten, sodass die Seiten im rechten Winkel nach oben stehen.

2 An den Schmalseiten des Deckels die Verstärkung nach innen falten. Den letzten Faltabschnitt mit Klebstoff fixieren. Die Schachtel verschließen und das Taftband umbinden.

Dreieck

1 Den Karton (Rückseite nach oben) zur Hälfte falten (Schmalkante auf Schmalkante) und wieder öffnen. Dann an allen vier Seiten die Mitte markieren. Die Punkte so miteinander verbinden, dass in der Mitte zwei Dreiecke entstehen, und die Linien falzen.

2 Die entstandenen Ecken hochklappen und die Schachtel zusammenfalten. Die überlappenden Flächen lochen. Den Aludraht durch die Löcher führen, die Perlen auffädeln und die Drahtenden mit der Rundzange umbiegen.

DIESES BUCH ENTHÄLT 4 VORLAGENBOGEN

Hilfestellung zu allen Fragen, die Materialien und Bastelbücher betreffen: Frau Erika Noll berät Sie.
Rufen Sie an: 05052/911858*

*normale Telefongebühren

IMPRESSUM

FOTOS: frechverlag GmbH, 70499 Stuttgart; lichtpunkt, Michael Ruder; Fotostudio Ullrich & Co., Renningen (Titel)
DRUCK: frechdruck GmbH, 70499 Stuttgart

Auflage: 5. 4. 3. 2. 1.
Jahr: 2012 2011 2010 2009 2008 [Letzte Zahlen maßgebend]

ISBN 978-3-7724-3725-0
Best.-Nr. 3725